NOTICE

SUR

M. CALMÈTES

CONSEILLER HONORAIRE

à la Cour de cassation, etc.

PAR M. V. ARAGON

PRÉSIDENT A LA COUR DE MONTPELLIER

MONTPELLIER

IMPRIMERIE TYPOGRAPHIQUE DE GRAS

M DCCC LXXI

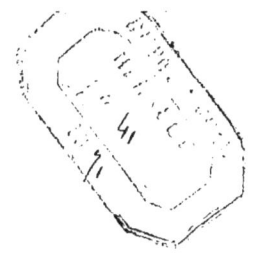

NOTICE

SUR

M. CALMÈTES

CONSEILLER HONORAIRE

à la Cour de cassation, etc.

PAR M. V. ARAGON

PRÉSIDENT A LA COUR DE MONTPELLIER

MONTPELLIER

IMPRIMERIE TYPOGRAPHIQUE DE GRAS

M DCCC LXXI

NOTICE

SUR

M. CALMÈTES

Conseiller honoraire à la Cour de Cassation, etc.

I

M. Calmètes (Adrien-Joseph-Victor), conseiller honoraire à la Cour de cassation, ancien conseiller général, ancien député des Pyrénées-Orientales, commandeur de la Légion d'honneur, est mort à Montpellier, le 27 février dernier, dans sa soixante et onzième année. Il était venu parmi nous, heureux d'y raviver d'anciens souvenirs qui lui étaient chers, dégagé de la vie politique et aspirant à un repos que la tombe seule devait lui donner. La carrière laborieuse du magistrat a été trop bien remplie pour qu'elle ne suffise pas à honorer sa mémoire, et je pourrais, en me bornant à dire ce qu'il fut au sein de la Cour de Montpellier, répondre aux exigences du panégyrique. Mais M. Calmètes a parcouru avec distinction divers degrés de la hiérarchie judiciaire, en s'élevant au premier rang; il a été mêlé aux affaires de son pays, soit comme conseiller général, soit comme député au Corps législatif: il faut donc élargir un peu le cadre et, sans sortir des bornes d'une simple notice, faire connaître les titres d'honneur du magistrat et de l'homme politique.

J'anticipe sur ce qui sera sans doute excellemment dit par l'un des organes éminents de la Cour suprême; mais pouvais-je différer ce tribut spontané à celui qui fut presque mon condisciple, au compatriote dont j'ai été, pendant plusieurs années, le collègue au Conseil général et à la Cour de Montpellier?

II

M. Calmètes naquit à Figuères (Espagne), le 19 septembre 1800. La tourmente de 1793 avait momentanément éloigné sa famille d'Elne, où elle se hâta de rentrer à la première éclaircie. Il aurait pu, s'il en avait eu le goût assez répandu de nos jours, par une contradiction manifeste entre les idées et les tendances, prétendre à une origine nobiliaire, son bisaïeul figurant comme docteur ès lois sur l'état des citoyens nobles de la province du Roussillon; mais, sans dédaigner les traditions de famille, il tenait surtout à ne relever que de lui-même. Quoique éprouvé par la crise révolutionnaire, son père adoptait, en homme éclairé, les grands principes de 1789; aussi, dès qu'il put revenir dans sa patrie, l'éducation de ses enfants fut-elle conforme aux besoins de l'époque. M. Calmètes entra à l'école de Sorèze vers la fin du premier empire. Mes souvenirs d'enfance me rappellent ses succès, partagés avec un camarade devenu célèbre de nos jours entre les économistes : je veux parler de Frédéric Bastiat, qu'une étroite amitié liait à M. Calmètes. L'un et l'autre avaient concouru pour un prix dont ils furent également jugés dignes, et, la règle étant de n'accorder qu'une seule médaille, aucun ne voulait l'accepter au détriment de l'autre. Le vénérable M. Ferlus, dont la mémoire est chère à tous les Soréziens, mit fin à cet assaut d'abnégation en doublant le prix que les deux amis avaient mérité.

Les rapports continuèrent entre eux au sortir de l'école, où ils avaient puisé une instruction solide et variée. Un publiciste éminent a pu voir, en parcourant leur correspondance intime, que l'apôtre du libre échange avait, depuis longtemps, préparé et mûri les questions économiques, aujourd'hui vulgarisées, en les discutant avec M. Calmètes, qu'il s'efforçait de conquérir à sa doctrine. Il y avait réussi dans une certaine mesure, mais non d'une manière absolue, l'esprit pratique du magistrat résistant aux innovations hardies de l'auteur des *Harmonies* et des *Sophismes économiques,* innovations dont il redoutait le choc pour l'agriculture et l'industrie nationales. Il estimait plus sage et plus juste de ne les admettre qu'avec certains tempéraments, tandis que Bastiat ne voyait dans leur application immédiate qu'une évolution sans rupture réelle d'équilibre.

On aime à suivre, dans ce commerce d'idées, le développement intellectuel des deux amis, toujours préoccupés des problèmes philosophiques ou sociaux qui s'agitaient dans les livres dont ils se recommandaient réciproquement la lecture. Leurs lettres montrent à quelles sources profondes puisait alors la jeunesse, plus avide de s'instruire que de s'agiter stérilement dans l'ardente polémique des clubs.

Après avoir terminé son droit à Toulouse, M. Calmètes, résistant aux pressantes sollicitations de Bastiat, qui aurait voulu l'attirer à Bayonne, vint se fixer à Perpignan. Il débuta en 1824 au barreau de cette ville, et s'y fit bientôt une place distinguée. Le soin consciencieux qu'il donnait aux affaires, sa discussion claire et méthodique, une dialectique serrée, caractérisèrent son talent, fortifié par une érudition précoce. L'étude de la législation anglaise l'avait particulièrement fixé. Notre état politique tendait alors à se modeler sur celui de nos voisins insulaires ; heureux si nous y avions réussi, sans nous jeter dans les aventures qui, depuis 1830, nous ont si déplorablement égarés ! Parmi les institutions à perfectionner, celle du jury occupait une grande place, et nos légistes allaient l'étudier dans la contrée où elle était acclimatée. M. Calmètes, il m'en souvient, ne manquait jamais d'examiner, devant la cour d'assises, les questions qui s'imposaient alors sur l'omnipotence du jury, sur la monomanie homicide, sur la libre défense des accusés, sur la nécessité de réformer certaines parties de notre législation criminelle. Le jury lui savait gré de cette mise en scène oratoire, qui l'initiait au mouvement des idées du jour, et plus d'une fois ses clients profitèrent de développements théoriques qui n'étaient pas un vain étalage dans la bouche d'un jeune avocat.

Il lui eût été difficile d'échapper à la politique. C'était le courant qui entraînait d'une manière irrésistible ; mais, au lieu de s'y préparer dans les réunions tumultueuses où l'esprit anarchique tient école, la jeunesse de cette époque s'échauffait au docte enseignement des hommes illustres dont elle suivait et méditait les leçons d'histoire, de philosophie et de littérature. Cette génération vraiment patriotique engageait la lutte sur le terrain légal, uniquement passionnée pour cette charte qu'elle défendit en 1830, après avoir montré au grand jour, dans la société *Aide-toi, le ciel t'aidera!* comment elle entendait et voulait pratiquer la liberté.

La participation de M. Calmètes aux actes de cette Société, dans les Pyrénées-Orientales, s'accentua aux élections dont le Comité directeur poursuivait loyalement le triomphe. Il s'agissait de questions électorales à résoudre, de conseils à donner aux citoyens peu éclairés sur leurs droits politiques. Nul n'était plus apte que lui à remplir ce rôle d'avocat consultant du libéralisme. C'est dans cette limite que l'esprit public se mouvait, avant que la Révolution de 1830 eût été proclamée aux cris de Vive la Charte !

III

Le barreau fournit alors un nombreux personnel à la magistrature des parquets, où des démissions spontanées (il faut le dire à l'honneur des titulaires et du nouveau gouvernement) firent plus de vacances que les révocations. M. Calmètes ne tarda pas à être nommé conseiller à la Cour. La plaidoirie le fatiguait ; il était de bonne heure atteint d'une maladie au larynx, contre laquelle il a longtemps lutté à force de soins et de précautions hygiéniques, et qui ne l'a emporté qu'à un âge relativement avancé. La magistrature le reposa des luttes du barreau et lui permit, en le fixant à Montpellier, de se livrer à des goûts qui lui étaient chers, dans une ville qui doit au culte de la science et des lettres sa principale renommée. Les leçons de M. l'abbé Flottes l'intéressèrent particulièrement. Il appréciait à leur haute valeur l'esprit délicat et l'âme sympathique de l'éminent professeur de philosophie, dont il estimait les études sur Pascal à l'égal de celles de Vinet.

M. Saint-René Taillandier partageait avec l'abbé Flottes les préférences de M. Calmètes, qui consacrait à l'un et à l'autre ses studieux loisirs. Cette culture assidue de la philosophie et des lettres ne doit pas étonner chez un magistrat ; elle est le complément obligé de ses hautes études, et l'on n'est pas surpris d'en retrouver la trace dans les arrêts notables émanés de sa plume.

Il y avait alors à la tête de la Cour de Montpellier un homme que nous écoutions comme un maître, qu'on admirait comme un modèle, et dont M. Calmètes retrouva plus tard le souvenir toujours vivant au sein même de la Cour de cassation : j'ai nommé M. le Premier Président Vigier, magistrat éminent, jurisconsulte profond, suspendu en 1848 par le même arbitraire qui a ramené de nos jours les mêmes scandales. C'est à son école que M. Calmètes puisa les meilleurs enseignements du droit. et je puis dire qu'il trouvait en outre à ses côtés des collègues et des émules avec lesquels il était en parfaite communion d'idées et de goûts. M. le Président Claparède, M. l'Avocat général de Saint-Paul figuraient dans ce nombre et formaient, avec quelques autres magistrats.

une pléiade dont il ne nous reste plus, hélas! que le souvenir.

M. Calmètes avait naturellement sa place dans ce milieu d'élite, où chacun offrait un type particulier de distinction. M. Claparède, dont le savoir était rehaussé par une dignité élégante et fine, M. de Saint-Paul, esprit brillant et littéraire, à la parole colorée, appréciaient, dans le nouveau conseiller, la précision, la clarté du style et la rectitude juridique. Sa coopération aux travaux de la Cour était surtout réclamée quand le gouvernement estimait que les réformes à introduire dans la législation ne perdent rien à être soumises aux méditations de la magistrature.

C'est ainsi qu'en 1841, à propos du projet de loi sur le noviciat judiciaire, il développa l'opinion de la compagnie dans un rapport aussi complet que remarquable. Il participa également, en 1844, aux travaux sur la réforme hypothécaire, et fut de nouveau chargé, en 1846, d'exprimer l'opinion de la Cour sur les modifications à introduire au Code d'instruction criminelle.

Depuis longtemps déjà, ses études de détail et d'ensemble l'avaient familiarisé avec notre droit criminel. Président d'assises, il s'attachait à corriger les inconvénients fâcheux produits par les variations de la jurisprudence. Il n'hésitait pas à les signaler à la Cour suprême, dans un écrit que la *Revue* de Woloswki publia en 1840, sur les effets de la cassation obtenue par les condamnés relativement aux réponses affirmatives et négatives du jury. Sa dissertation tendait à fixer la jurisprudence incertaine, en déterminant les cas où l'annulation du verdict devait être totale ou partielle, et les exemples sur lesquels il l'appuyait éclairaient la controverse de manière à dissiper tous les doutes.

Ses comptes rendus des sessions d'assises, qu'il présidait avec une autorité magistrale, étaient l'objet de son attention particulière. Il envisageait de haut ces fonctions importantes, dont l'influence (il le prouvait lui-même) est souvent toute personnelle au président.

Quelques-uns de ses rapports à la chancellerie ont passé fortuitement sous mes yeux. Il y indiquait la nécessité de certaines réformes, accomplies depuis dans notre législation pénale, pour rendre la répression plus efficace en la proportionnant mieux à la nature et à la gravité du fait. Dans sa pensée, l'adoucissement des peines tendait plus à fortifier qu'à énerver la justice. Il était d'ailleurs le plus scrupuleux observateur de la loi et s'y conformait strictement, ennemi de ces opinions défaillantes qui aspirent à la corriger par une interprétation relâchée : *Dura lex, sed lex,* c'était sa devise.

Malgré sa déférence pour la Cour suprême, il n'admettait pas la révision de la loi par voie d'arrêts, et, s'il croyait reconnaître que le juge empiétât sur le législateur, il protestait respectueusement, mais selon son droit; prêt néanmoins à s'incliner, tout en gardant sa conviction, devant l'autorité des chambres réunies. C'est ainsi que, dans la question controversée du duel, nonobstant l'opinion plus philosophique que légale de M. le Procureur général Dupin, il résista, avec la Cour de Montpellier, à une jurisprudence de sentiment fondée sans doute sur des principes incontestables de morale et d'ordre public, mais qu'il est bien difficile d'asseoir sur un texte formel de la loi pénale en vigueur.

La lecture de ses arrêts, toujours fortement motivés et souvent nourris de doctrine, révèle les habitudes laborieuses du magistrat, qui ne livrait jamais à une improvisation compromettante les décisions de la Cour dont il était l'organe. Il n'y avait, en effet, rien de primesautier dans sa nature; il était l'homme réussi du *labor improbus*, et on peut dire, en excusant ce qui était chez lui un amour-propre de bon aloi, qu'il ne lui déplaisait pas qu'on applaudit à son œuvre. Son application réfléchie lui donnait la volonté et le droit de faire prévaloir, en la justifiant, une opinion consciencieuse, et il savait la formuler avec cette netteté correcte qui se reflétait dans toute sa personne. Essentiellement lucide dans ses déductions, il n'admettait pas la profondeur dans le vague et dédaignait cette philosophie brumeuse si antipathique au légiste, à la langue et à l'esprit français.

IV

Je pourrais suivre, en 1853, M. Calmètes dans ses fonctions de Premier Président en Corse, et je l'y trouverais déployant les qualités qui lui avaient valu cette haute position. Son prédécesseur, le vénérable M. Colonna d'Istria, lui avait laissé l'exemple d'une autorité douce et bienveillante. Sans s'en écarter, il exerça lui-même les devoirs du premier rang, de manière à empêcher tout relâchement dans la marche de la justice et dans la tenue des audiences, dont il aimait la solennité. Secondé par des collègues qu'il avait animés de son zèle, il voulut fixer la jurisprudence de sa Cour par une publication judiciaire spéciale, et réaliser certaines améliorations qu'il formula dans un règlement d'administration intérieure dont il avait déjà réuni les éléments, en 1849, pour la Cour de Montpellier. Les Corses l'avaient séduit; il appréciait leur vive intelligence, leur caractère ferme et loyal, et il n'aurait pas souffert qu'on suspectât devant lui leur dévouement à la patrie commune. Ce ne fut pas sans regret qu'il s'éloigna de l'île, en décembre 1859, pour entrer à la Cour de cassation.

Il ne m'appartient pas de dire sa participation aux travaux de la chambre des requêtes, à laquelle il fut attaché pendant près de dix ans. Une voix plus autorisée le rappellera sans doute à ses collègues; mais j'ai pu voir accidentellement avec quel soin scrupuleux il étudiait ses dossiers. Non-seulement il les connaissait dans leurs moindres détails ; mais, après la décision rendue, il révisait la cause, tant pour noter les divers incidents de la délibération que pour en apprécier les résultats. Les recueils de jurisprudence ne donnent que le texte des arrêts, mais les manuscrits du rapporteur témoignent de la savante élaboration qui les avait préparés.

V

M. Calmètes, cédant à un entraînement qu'il regretta peut-être plus tard, descendit prématurément des hauteurs sereines du droit pour s'engager dans la politique. Il fut élu député sans avoir eu à soutenir une vive compétition. Son rôle à la Chambre ne pouvait avoir l'éclat auquel il aurait pu prétendre, s'il lui eût été permis d'aborder la tribune ; mais il était loin d'avoir le tempérament de l'orateur, quoiqu'il en possédât les ressources. L'intelligence la mieux cultivée doit être servie par des organes, et la voix lui manquait.

Depuis l'époque où les soins de sa santé l'avaient éloigné du barreau, il s'était soutenu dans une certaine activité, en usant des ménagements le plus minutieusement étudiés. Il pouvait, en parlant à des auditeurs silencieux et attentifs, se faire écouter, et il y avait profit à l'entendre ; mais il aurait vainement tenté de dominer les clameurs d'une assemblée nombreuse. Dans les séances du Conseil général et dans le sein des commissions du Corps législatif, ceux qui l'ont vu de près ont pu juger de ses aptitudes et de l'étendue de ses connaissances. Il était ingénieux à découvrir les solutions, soit par des raisons péremptoires, soit par un moyen terme conciliant. Tel je l'ai connu au Conseil général des Pyrénées-Orientales, où il siégeait depuis près de trente ans.

Chargé plusieurs fois de présider nos délibérations, il exerçait son pouvoir modérateur plus par l'ascendant de son mérite que par l'autorité de ses fonctions.

Deux cantons l'avaient successivement nommé au Conseil général. Ils n'eurent jamais de plus zélé défenseur. Je dirai même (est-ce éloge ? est-ce critique ?) qu'il aurait volontiers fait dériver toutes les ressources disponibles du département vers le canton qu'il représentait, en nous montrant ses populations pauvres et déshéritées ; et ses doléances n'étaient pas toujours sans effet.

Plus à l'aise quand il avait à soutenir les intérêts généraux, il reprenait alors ses habitudes de magistrat, et, s'il eût dépendu de lui d'imprimer à nos discussions l'allure régulière des audiences, il n'eût pas manqué de le faire.

Je ne saurais rappeler ici les nombreux travaux des différentes sessions auxquelles il prit part ; mais je puis dire qu'il s'associa toujours avec empressement, s'il n'en eut pas l'initiative, à toutes les mesures d'utilité publique, surtout quand elles tendaient à favoriser l'essor de l'agriculture et à ranimer l'industrie roussillonnaise. Tout ce qui lui paraissait avoir un caractère libéral au point de vue politique, administratif ou économique, avait son approbation. Sans doute il se défiait des novateurs ; mais les réformes possibles étaient dans ses vœux, et il y adhérait sans réserve quand elles lui paraissaient justifiées. Il n'était ni immuable ni impatient, bien qu'il parût l'un ou l'autre, suivant le point de vue ; uniquement fidèle en réalité à cette loi du progrès qui veut, selon l'expression de Montesquieu, que, dans la nature, tout s'accomplisse lentement et, pour ainsi dire, avec économie.

Ceux qui le jugeront sans parti pris le trouveront sincèrement libéral sous tous les régimes ; non de ce libéralisme faux qui se plaît dans l'indiscipline, mais de cet esprit progressif, jaloux du développement social par le culte de la loi et le respect du pouvoir. Il s'en inspirait lorsqu'il votait, en 1848, pour le général Cavaignac, dont le républicanisme sincère triomphait de la démagogie, et contre la guerre, dans la fameuse séance du 16 juillet 1870, où la passion étouffa la voix du bon sens.

VI

J'ai essayé d'esquisser le magistrat et l'homme politique. L'homme privé n'a pas à craindre un jugement impartial. Trop souvent le caractère subit l'influence des positions; il n'en fut pas ainsi pour M. Calmètes. Si son élévation lui attira des flatteurs, elle ne lui fit jamais oublier ses amis. On peut dire qu'il resta le même sous le coup des événements : loyal par nature, mais réservé. Ne suffirait-il pas à son éloge de dire la vive sympathie qu'il sut inspirer à un homme d'élite, dont l'inaltérable attachement a fait un des charmes de sa vie ?

Rapprochement touchant ! Bastiat mourut à Rome, le 24 décembre 1850, de la même maladie qui devait emporter, vingt ans plus tard, son ancien et fidèle camarade. L'un et l'autre envisagèrent, à l'heure suprême, l'avenir dans lequel ils entraient, pleins d'une religieuse confiance. Ce fut une consolation pour les âmes pieuses qui entourèrent M. Calmètes de leurs soins affectueux et dévoués, d'entendre l'éminent prélat (1) appelé auprès du mourant, leur dire d'une voix émue : « Je viens de bénir et d'absoudre non-seulement un savant magistrat, mais un véritable chrétien ! »

Montpellier, le 14 mars 1871.

---

(1) Monseigneur l'Évêque de Grenoble, prêt à rentrer dans son diocèse, revint sur ses pas et retarda son départ pour assister M. Calmètes dans ses derniers moments.

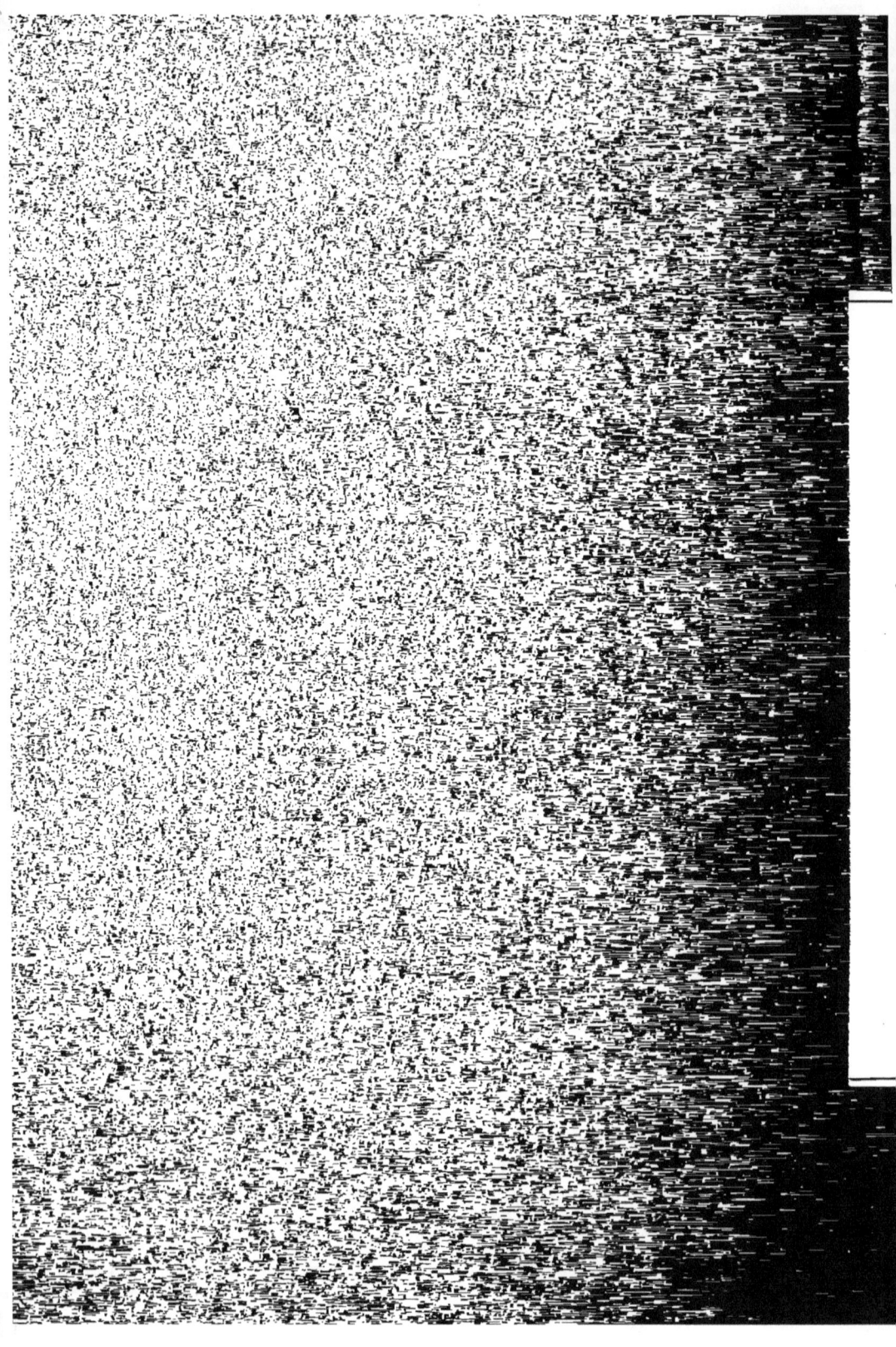

www.ingramcontent.com/pod-product-compliance
Lightning Source LLC
Chambersburg PA
CBHW060633050426
42451CB00012B/2572